NO LONGER PROPERTY
OF ANYTHINK
RANGEVIEW LIBRARY
DISTRICT

T2-BWB-020

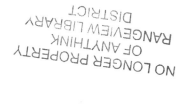

anythink

Tu cuerpo maravilloso

Boca

por Imogen Kingsley

Bullfrog Books

Ideas para padres y maestros

Bullfrog Books permite a los niños practicar la lectura de texto informacional desde el nivel principiante. Repeticiones, palabras conocidas y descripciones en las imágenes ayudan a los lectores principiantes.

Antes de leer

- Hablen acerca de las fotografías. ¿Qué representan para ellos?
- Consulten juntos el glosario de fotografías. Lean las palabras y hablen de ellas.

Durante la lectura

- Hojeen el libro y observen las fotografías. Deje que el niño haga preguntas. Muestre las descripciones en las imágenes.
- Lea el libro al niño, o deje que él o ella lo lea independientemente.

Después de leer

- Anime a que el niño piense más. Pregúntele: Piensa en todos los sabores diferentes que tu lengua puede identificar. ¿Si quisieras comer algo amargo, qué escogerías? ¿Tal vez algo salado? ¿O dulce?

Bullfrog Books are published by Jump!
5357 Penn Avenue South
Minneapolis, MN 55419
www.jumplibrary.com

Copyright © 2018 Jump! International copyright reserved in all countries. No part of this book may be reproduced in any form without written permission from the publisher.

Library of Congress Cataloging-in-Publication Data

Names: Kingsley, Imogen, author.
Title: Boca / por Imogen Kingsley.
Other titles: Mouth. Spanish
Description: Minneapolis, MN: Jump!, Inc., [2018]
Series: Tu cuerpo maravilloso
"Bullfrog Books are published by Jump!"
Audience: Ages 5–8. | Audience: K to grade 3.
Includes index. | Identifiers:
LCCN 2017002891 (print)
LCCN 2017004776 (ebook)
ISBN 9781620318133 (hardcover: alk. paper)
ISBN 9781624966354 (ebook)
Subjects: LCSH: Mouth—Juvenile literature.
Anatomy—Juvenile literature.
Classification: LCC QM306 .K53418 2018 (print)
LCC QM306 (ebook) | DDC 612.3/1—dc23
LC record available at https://lccn.loc.gov/2017002891

Editor: Jenny Fretland VanVoorst
Book Designer: Molly Ballanger
Photo Researcher: Molly Ballanger
Translator: RAM Translations

Photo Credits: Alamy: Big Cheese Photo, 5. Getty: KidStock, 6–7. iStock: JodiJacobson, cover; Neustockimages, 14–15, kgfoto, 16; Mr _ Khan, 18–19; kali9, 20–21. Shutterstock: all _ about _ people, 1, 8–9; michaeljung, 3; hanapon1002, 4; MAHATHIR MOHD YASIN, 10; ESB Professional, 11; BLUR LIFE 1975, 12–13; Sergiy Bykhunenko, 12–13; GongTo, 14–15; Marcos Mesa Sam Wordley, 17; 7th Son Studio, 18–19; Alila Medical Media, 22; Nathalie Speliers Ufermann, 22; DM7, 23bl; Asier Romero, 24.

Printed in the United States of America at Corporate Graphics in North Mankato, Minnesota.

Tabla de contenido

¡Abre la boca!

Eva habla.

Ed mastica.

¡Bip! ¡Bip!

Ben toca
la trompeta.

¿Qué parte de su
cuerpo utiliza?

¡La boca!

Mira los labios de Win.

La piel es delgada.

Es suave.

Es rosada.

labios

Los labios tienen músculos.

Te ayudan a sonreír.

Te ayudan a hablar.

Te ayudan a besar.

11

Mira los dientes de Tim.

¡Chomp!

Él muerde.

Él mastica.

Los dientes tienen esmalte.
Es el material más
duro en el cuerpo.

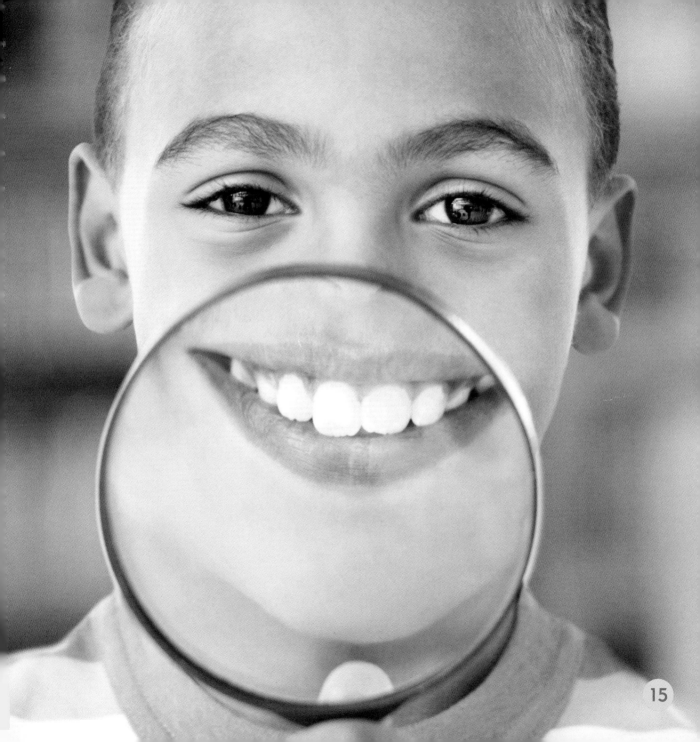

Mira la lengua de Ji.
Tiene papilas gustativas.

papilas
gustativas

¿Es la comida salada?

¿Es dulce?

Tus papilas gustativas
te lo dejan saber.

17

Tu lengua tiene
una huella.

Es única.

¡No hay dos que
sean iguales!

¡Entonces, sonríe! ¡Habla!
¡Mastica! ¡Canta!

¡Tu boca es genial!

Partes de la boca

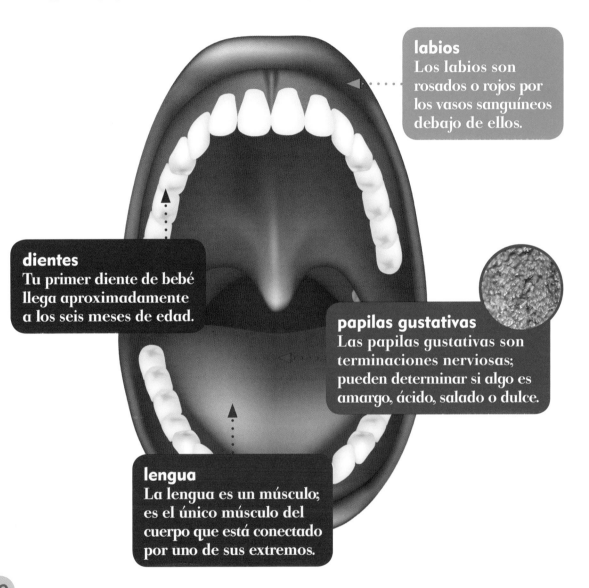

labios
Los labios son rosados o rojos por los vasos sanguíneos debajo de ellos.

dientes
Tu primer diente de bebé llega aproximadamente a los seis meses de edad.

papilas gustativas
Las papilas gustativas son terminaciones nerviosas; pueden determinar si algo es amargo, ácido, salado o dulce.

lengua
La lengua es un músculo; es el único músculo del cuerpo que está conectado por uno de sus extremos.

Glosario con fotografías

esmalte
La capa dura,
de la parte
exterior de
tus dientes.

músculos
La parte
de tu cuerpo
que produce
movimiento.

**huella de
la lengua**
Las marcas
y formas que
forman la lengua
de alguien.

único
No hay nada
parecido,
solamente uno.

Índice

Para aprender más

Aprender más es tan fácil como 1, 2, 3.

1) Visite www.factsurfer.com

2) Escriba "boca" en la caja de búsqueda.

3) Haga clic en el botón "Surf" para obtener una lista de sitios web.

Con factsurfer.com, más información está a solo un clic de distancia.